Inhalt

Funknetzwerke im Heimbereich - Welche Standards setzen sich durch?

Kernthesen

Beitrag

Fallbeispiele

Zahlen und Fakten

Weiterführende Literatur

Impressum

Funknetzwerke im Heimbereich - Welche Standards setzen sich durch?

Autor GENIOS BranchenWissen: M. Westphal

Kernthesen

- "Digital Home" und "Home Automation" sind Schlagworte, die schon länger bekannt sind, einzig der Markterfolg dieser Konzepte war bisher nicht erkennbar.
- So unterschiedlich die Anforderungen der verschiedenen Geräte in der privaten Wohnung an Funkstandards sind, so unterschiedlich sind letztendlich auch die vielen Funkstandards, die von der Industrie auf den Markt gebracht werden.
- Es fehlt bisher an vereinheitlichender

Standardisierung und Interoperabilität der einzelnen Systeme untereinander, um einen breiten Markterfolg zu erzielen.

Beitrag

Im Heim der Zukunft wird alles automatisch ablaufen, die einzelnen Elektrogeräte werden sich untereinander abstimmen. Es gibt viele Techniken, die bereits funktionieren und diese Vision unterstützten können, aber welche wird sich letztendlich durchsetzen?

Das "Digital Home" verlangt nach einer geschickten Vernetzung sämtlicher elektrischer Geräte untereinander und das möglichst drahtlos

Der Wunsch aus dem eigenen Zuhause ein echtes "Digital Home" zu machen verlangt danach, verschiedene elektronische Geräte miteinander zu vernetzen. Dieses kann über Netzwerkkabel gelöst werden. Will man aber keine Löcher bohren, muss man sich der verschiedenen auf dem Markt befindlichen Funkstandards bedienen. Aber die Wahl und Konfiguration der Netzwerktechniken muss sorgfältig durchdacht sein. Die Interoperabilität von PC und allen anderen Geräten wie z. B. Medienabspielgeräten muss gewährleistet sein. (3)

Funktechnologien wie WLAN, WiMAX oder Bluetooth werden im IT-Umfeld gepusht. Einer der Märkte, der sehr stark auf zukünftige drahtlose Vernetzung der verschiedenen elektronischen Geräte setzt ist der Bereich der Heimautomatisierung. Hier sieht sich der Kunde aber immer noch verschiedenen Funkstandards gegenüber, die um ihre Existenzberechtigung kämpfen. (1) Infrarot-Steuerung für Fernsehapparate oder funkbasierte Garagentoröffner gibt es schon lange. Aber die Zahl der ferngesteuerten Anwendungen im Bereich der Hausautomatisierung über Alarmanlagen, Heizungs-, Rolladen-, Steckdosen- und Lichtsteuerung nimmt zu. Allerdings sind in den letzten Jahren auch viele neue Funkstandards eingeführt worden, die sich dieser Thematik annehmen sollen, die aber eher einen Wirrwarr an Funkstandards schaffen. (1), (2)
Eines der wesentlichen Probleme der aktuellen Funkstandards für den Heimbereich ist, dass es sich meist um reine Punkt-zu-Punkt-Lösungen handelt. Teilweise gibt es zwar auch schon sternförmige Netzwerktopologien, die es ermöglichen, mit einer

Fernbedienung mehrere Geräte anzusteuern, aber die immer noch vorherrschende Proprietarität der einzelnen Funk-Lösungen führt dazu, dass Geräte nur mit den Fernbedienungen des jeweiligen Herstellers geschaltet werden können. (1)
Außerdem werden von vielen Systemen die Daten nur in eine Richtung übertragen, also vom Sender zum Empfänger. Eine Quittierung eines erfolgreichen Empfangs fehlt häufig. (1)
Leider sind die meisten Systeme auch sehr einfach gehalten, weshalb ein intelligenter Datenaustausch kaum möglich ist. (1)
Die meisten heimischen Funknetzwerke arbeiten im Band von 433 868 MHz, weshalb auch Störungen der unterschiedlichen Funksysteme untereinander nicht auszuschließen sind. (1)
Dieses alles mögen auch Gründe dafür sein, dass der gesamte Heimautomatisierungsmarkt in den vergangenen Jahren in seiner Entwicklung deutlich hinter den Erwartungen hinterherhinkt. (1)

Das Angebot an Funklösungen wird aufwendiger. So gibt es inzwischen vermaschte Netzwerke, bei denen ein Gerät mit allen in seiner Nähe befindlichen Geräten kommunizieren kann. Die MultiHop-Fähigkeit erweitert dieses Szenario um die Möglichkeit, weiter entfernte Geräte über dazwischen liegende "Knoten"-Geräte zu erreichen.
Diese Ansätze verlangen neben

Empfangsbestätigungen der einzelnen Geräte aber auch eine Interoperabilität der Funkstandards. So sind nicht nur identische Funkschnittstellen, sondern auch identische Anwendungsprotokolle notwendig. Der Standardisierung kommt somit eine wachsende Bedeutung zu. (1)
Technologisch erlauben integrierte Funkchips inzwischen schon 2,4 GHz-Frequenzen mit besseren Reichweiten bei geringerem Strom- und Platzbedarf. Aber auch moderne hochintegrierte Schaltkreise lassen kostengünstige Systeme aufbauen.
So entwickeln die großen Halbleiter- und Systemhersteller an neuen aber leider immer noch unterschiedlichen Technologieansätzen wie
- ZigBee (Allianz im Bereich drahtloser Kurzstreckenübertragung)
- Z-Wave (Zwei Wege Kommunikationsprotokoll mit Vermaschungsfunktion)
- EnOcean-Technologie (Geräte sind mit piezoelektrischen Druckwandlern ausgestattet, die die Energie beim Einschalten eines Lichtschalters speichern und mit sehr energiesparender Funktechnologie ausgestattet sind, sodass keine Akkus benötigt werden)
- IEEE802.15 (Wireless Personal Area Network).
- Insteon (kurze Reichweiten; geringer Leistungsverbrauch)
Aber alle diese Technologien sind nicht interoperabel. (1)

WLAN und Powerline sind die überlegenen "Funk"technologien, wenn es um die Verteilung multimedialer, Bandbreiten schluckender Inhalte geht

Wünschenswert ist für viele ein zentraler Server, der alle Audio- und Videodateien beherbergt und sie auf Knopfdruck allen Räumen bereitstellt. Inzwischen verfügen WLAN und auch Powerline über genügend Bandbreite, um sogar HD-Videos zu streamen. (3) Das Problem an WLAN wie auch Powerline gegenüber herkömmlichem LAN-Kabel liegt in der Hub-Charakteristik dieser Technologien begründet. Sie arbeiten in einem "Shared Medium" was bedeutet, dass sich alle Geräte, die auf den Server zugreifen, die maximal zur Verfügung stehende Bandbreite teilen müssen. Drahtgebundene Lösungen über einen Switch hingegen können parallel übertragen, ohne dass der Durchsatz sinkt.
Aber auch die lokalen Gegebenheiten wie Mauerwerk können die Sendeleistung von WLAN gewaltig beeinträchtigen. (3)
Schon bevor man sich für einen Funkstandard

entscheidet, sollte der Nutzer sich überlegen, was er denn überhaupt an Mediendaten übertragen will. So verlangt Musik, die im MP3-Format komprimiert ist nach weitaus weniger Bandbreite als ein Video im HD-Format. Dieses kann auch mit neuesten WLAN-Standards ruckelfrei nur bei direktem Sichtkontakt zwischen Basisstation und entsprechendem Sender und Empfänger übertragen werden. (3)

Bei der Wahl von WLAN ist darüber hinaus zu bedenken, dass die Beliebtheit dieses Standards dazu führt, dass auch der eine oder andere Nachbar drahtlos surft, was dazu führen kann, dass man entweder nicht die gesamte Bandbreite zur Verfügung hat, weil man sie sich mit Nachbarn teilt, oder dass man eben auf eine andere der 13 Frequenzen umsteigen muss, was dann aber mit etwas Konfigurationsaufwand verbunden ist. (3), (5) Der WLAN-Funkverkehr sollte verschlüsselt werden, um unliebsames "Abhorchen" der Datenströme zu vermeiden. Allerdings sind viele Geräte standardmäßig auf die WEP-Verschlüsselung eingestellt, und einige beherrschen sogar kein anderes Verfahren. Dieses Verfahren ist aber mit gängigen Tools innerhalb weniger Minuten zu knacken, weshalb es ein großes Sicherheitsrisiko darstellt. (3)

Powerline-Geräte kennen die Übertragungsprobleme

von WLAN nicht, außerdem muss man sich den Datendurchsatz nicht mit seinen Nachbarn teilen. Werden aber Geräte alter und neuer Powerline-Generation parallel miteinander betrieben, muss man sich auf herbe Einbrüche in den Datendurchsatzraten einstellen. (3)
Powerline teilt sich seine Bandbreite aber nicht nur mit den verschiedenen heimischen angeschlossenen Geräten, sondern auch mit den anderen Stromverbrauchern im Netz. Schon WLAN hat mit DECT-Telefonen und Mikrowellen zu kämpfen, aber bei Powerline stören alle Geräte mit Elektromotoren wie Haarföns, Staubsauger, Bohrer oder Mixer. Zwar werden diese Geräte in der Regel nur temporär betrieben aber Geräte mit Dimmern können sich als Dauerproblem erweisen. (3) Hier hilft nur der Einsatz von Filter-Steckdosen, die die Störeinflüsse von empfindlichen Geräten fernhalten. (3)

Für die Kommunikation zwischen PCs und Endgeräten wird sich wohl Bluetooth oder Ultra Wide Band durchsetzen

Die Kopplung von PCs und Endgeräten aus dem IT- oder Unterhaltungselektronik-Bereich wird funktechnisch weiterentwickelt. Derzeit werden diese Kommunikationswege zwar noch über Bluetooth abgewickelt, aber der Herausforderer Ultra Wide Band (UWB) steht schon auf dem Plan. (5) Bluetooth 2.0 lässt Übertragungsraten von bis zu 2,1 MBit/s zu, UWB hingegen soll in der Endausbaustufe 480 bis 1.320 MBit/s übertragen. (5)

ZigBee und Insteon als Standard für Sensoren und ähnliche Geräte, die möglichst wenig Strom verbrauchen sollen

Die ZigBee-Allianz ist nicht tatenlos. Zwar sind die Datenraten von 20 bis 250 kBit/s zu niedrig, um PCs, Fernseher oder Media Player miteinander zu verbinden. Aber Sensoren an Heizungen, Thermostaten, Lichtschaltern, Jalousien und ähnlichem können von diesem Standard bestens bedient werden. (5)

Insteon steht als Technik zur Vernetzung von unterschiedlichsten Geräten im Heimbereich für kurze Reichweiten von bis zu 50 m zur Verfügung. Dieses Verfahren zeichnet sich durch besonders geringen Leistungsverbrauch aus, um die Wireless

Clients möglichst batterielos betreiben zu können. (5)

UWB, Bluetooth, ZigBee und Insteon weisen große Überschneidungen bei eingesetzten Technologien und Einsatzszenarien auf. (5)
UWB hat gute Chancen, der Nachfolger von Bluetooth zu werden. Der Einbezug anderer Geräte, als reine IT- und Unterhaltungselektronikgeräte, wird aus Kostengründen wohl eher von ZigBee oder Insteon geleistet werden. (5)

Wimax wird zumindest in Deutschland mittelfristig nur eine untergeordnete Rolle spielen

Wimax-Clients benötigen immer noch die Installation einer Außenantenne. Dafür beherrscht Wimax im Gegensatz zu WLAN allerdings Quality-of-Service-Mechanismen (QoS). Wimax spielt seine Stärken bei längeren Übertragungswegen von bis zu 50 Kilometern aus. Aufgrund der hohen Dichte von kabelgebundenem DSL und den nahezu deutschlandweit vorhandenen Anschlüssen wird sich aber hierzulande die Verbreitung von Wimax noch etwas hinziehen. (2), (5)

Fallbeispiele

HAMA hat zur IFA 2006 einen WLAN-Router vorgestellt (MiMo 300 Express), der mit der neuen Multiple Input, Multiple Output-Technologie mit drei Antennen funktioniert. Dieses Gerät liefert einen Datendurchsatz von bis zu 300 MBit/s. auch die Funkabdeckung soll durch die drei Antennen deutlich verbessert sein und bis zu 800m betragen. (4)

Auch Buffalo Technology hat auf der IFA eine neue WLAN-Familie "Nfiniti" vorgestellt, die bis zu 270 MBit/s Bruttodatenrate aufweist. (4)

Netgear und Devolo bieten alternativ zu den WLAN-Netzen Powerline-Produkte an, die über die Steckdose funktionieren und einen Datendurchsatz von bis zu 200 MBit/s liefern. Devolo bietet auch noch Kombinationen an, die von der jeweiligen Steckdose zum Gerät einen drahtlosen Weg anbieten. (4)

Auch in Krankenhäusern etablieren sich drahtlose Übertragungsstandards zur Optimierung gesamter Prozessabläufe. So können Ärzte zur Visite ein spezielles Notebook oder auch Handheld nutzen. Die

aktuellen Patientendaten erhält das Device online direkt vom Krankenhaus-Server. Alle neu aufgenommenen Daten werden dann online wieder in den Krankenhaus-Server überspielt.
Außerdem können in Operationssälen viele der medizinischen Geräte drahtlos angebunden werden, was das aufwendige und teure Verlegen und Sterilisieren von Kabeln überflüssig macht. (5)

Bei der Nutzung von WLAN ist der Nutzer alleine verantwortlich für Schäden, die aus mangelnder Absicherung der Geräte resultieren. So hat das Landgericht Hamburg entschieden, dass eine Bürgerin für Schäden aufkommen muss, die durch ihre Nicht-Absicherung ihres WLANs entstanden sind. Ungebetene Gäste hatten ihr unverschlüsseltes Funknetz genutzt, um mehrere Musikstücke in die Peer-to-Peer-Plattform Gnutella einzustellen. Die Rechteinhaber dieser Musikstücke identifizierten die Bürgerin anhand ihrer IP-Adresse und verlangten, eine Unterlassungserklärung zu unterschreiben, sowie eine kostenpflichtige Abmahnung zu zahlen. Auch der Hinweis, dass ihr Netz illegal von ihr unbekannten Personen genutzt worden sei, reichte nicht, die Strafe abzuwenden. Wer seinen drahtlosen Router nicht absichert, verstößt gegen zumutbare Prüfungspflichten so das Gericht.

Zahlen & Fakten

Einer aktuellen Studie von IDC zufolge lohnt es sich, weiterhin auf WLAN zu setzen. Für den deutschen Markt wird für 2006 ein Verbreitungsanstieg von WLAN-Client-Adaptern um 31 Prozent vorausgesagt. Und auch 2007 wird es noch ein großes Wachstum von immerhin noch 26 Prozent geben.

Auch die Wireless Access Points werden in den nächsten drei Jahren um durchschnittlich 15 Prozent wachsen. Das relativ junge Marktsegment der Wireless Switches kommt in 2006 auf Wachstumsraten von 38 Prozent und wird auch in 2007 noch um 18 Prozent wachsen. (5)

Weiterführende Literatur

(1) Embedded Internetworking - der Webserver für 5 Euro
aus tecChannel.de Online, Meldung vom 18.10.2006

(2) Intelligente Funknetzwerke erleichtern die Gebäudeautomatisierung
aus tecChannel.de Online, Meldung vom 28.09.2006

(3) Heimvernetzung Handreichungen für das

kabellose Multimedia-Netz
aus c't - Magazin für Computertechnik, 18/2006, S. 108

(4) IFA 2006 (Teil 4 und Schluss): Zuhause-Netze werden salonfähig Zur IFA zeigen die Aussteller jetzt, dass das Netzwerk endlich Einzug in die heimischen vier Wände hält.
aus COMPUTER-INFORMATIONS-DIENST vom 24.August 2006

(5) Funktechniken für jeden Zweck
aus Computerwoche, 09.06.2006, Nr. 23 Seite 30-31

Impressum

Funknetzwerke im Heimbereich - Welche Standards setzen sich durch?

Bibliografische Information der deutschen Nationalbibliothek

Die Deutsche Nationalbibliothek verzeichnet diese Publikation in der deutschen Nationalbibliografie; detaillierte bibliografische Daten sind im Internet über http://dnb.d-nb.de abrufbar.

ISBN: 978-3-7379-2810-6

© 2015 GBI-Genios Deutsche Wirtschaftsdatenbank GmbH, Freischützstraße 96, 81927 München, www.genios.de

Alle Rechte vorbehalten. Dieses Werk ist einschließlich aller seiner Teile – z.B. Texte, Tabellen und Grafiken - urheberrechtlich geschützt. Jede Verwertung außerhalb der Grenzen des Urheberrechtsgesetzes bedarf der vorherigen Zustimmung des Verlags. Dies gilt insbesondere auch für auszugsweise Nachdrucke, fotomechanische

Vervielfältigungen (Fotokopie/Mikroskopie), Übersetzungen, Auswertungen durch Datenbanken oder ähnliche Einrichtungen und die Einspeicherung und Verarbeitung in elektronischen Systemen.